LA
MORT DE TURENNE,

PIÈCE HISTORIQUE ET MILITAIRE,

A GRAND SPECTACLE,

EN TROIS ACTES,

MÊLÉE DE PANTOMIMES, COMBATS ET ÉVOLUTIONS.

Paroles de J. B. BOUILLY et J. G. N. CUVELIER.

Musique arrangée par NAVOIGILLE et BANEUX.

Représentée, pour la première fois, sur le théâtre de la Cité, le 29 prairial, an 5.

A PARIS,

Chez BARBA, Libraire, Palais du Tribunat, galerie derrière
le Théâtre Français de la République, n°. 51.

AN XI. (1802.)

PERSONNAGES.   **ACTEURS.**

TURENNE, maréchal-général des armées de France, âgé de 62 ans, mais encore plein de vigueur.   _Tautin._

St.-HILAIRE, lieutenant-général d'artillerie, et ami intime de Turenne, âgé de 60 ans.   _Duval._

St.-HILAIRE fils, chef de cavalerie, âgé de 25 ans.   _Guibert._

VAUBRUN,
 DELORGE, } Officiers-généraux.   { _Chevalier._
 { _Dominique._

FRANCOEUR, sapeur au régiment de Turenne, âgé de 60 ans; de la gaîté, de la brusquerie.   _Delaporte._

SANS-CHAGRIN, sergent de grenadiers au même régiment, âgé de 40 ans; de la douceur, de la simplicité.   _Raffile._

EUGÈNE, jeune grenadier au régiment de Turenne, âgé de 20 ans; l'enthousiasme de l'amour et de la guerre.   _Lafitte._

La mère MICHEL, cantinière, 50 ans, bavarde, brusque, mais bon cœur.   _Lacaille._

GABRIELLE, fille de la mère Michel, amante d'Eugène.   { Mlle _Simonet._
 { Mlle _Julie._

DEUX SOLDATS, parlant.   { _Boicheresse._
 { _Ahn._

Officiers de l'armée et de l'état-major de Turenne.

DEUX VALETS de pied, et deux pages de Turenne.   { _Baylac._
 { _Audille._

UN OFFICIER de l'armée impérial.   _St.-Martin._

DEUX MAGISTRATS de la ville de Francfort, dont un parlant.   { _Renaud._
 { _Gayant._

Armée française.

Armée impériale.

Paysans et paysannes.

La scène se passe près le village de Saspach, sur les bords du Rhin, en l'année 1475, le samedi 27 juillet.

LA MORT DE TURENNE,

PIÈCE HISTORIQUE.

ACTE PREMIER.

Le théâtre représente, à droite, un hameau, et à gauche, la naissance d'une épaisse forêt, près de laquelle on apperçoit les premières tentes du camp français. La première maison, à droite, plus remarquables que les autres, sert de quartier général. A la porte sont deux factionnaires du régiment de Turenne. Auprès d'eux est planté le drapeau. Plus loin est un piquet d'infanterie qui forme la garde du général. A gauche, sur l'avant-scène, est une grande tente de vivandières, au milieu de laquelle sont des tables, des bancs, des barils, etc.

SCENE PREMIERE.
GABRIELLE, *seule.*

(Au lever du rideau, elle est occupée à mettre en ordre la cantine de sa mère, elle paraît inquiète, va regarder au fond du théâtre à plusieurs reprises, témoigne de l'impatience, et revient à son ouvrage.)

IL ne vient pas… Voilà pourtant l'instant favorable, ma mère est allée chercher des provisions… Mais ces hommes, ces hommes ; ça ne sait jamais rien deviner… C'est fini, il faut absolument que je me décide à ne plus tant l'aimer.

(*elle va voir encore au fond du théâtre.*) Il m'avait si bien promis de m'apporter cet anneau sur lequel il a fait graver nos deux noms. . . . (*elle s'assied nonchalamment sur une table.*) Allons , il est décidé que je passerai la matinée toute seule. . . .

SCENE II.

GABRIELLE, EUGÈNE, *il s'avance doucement et l'écoute.*

GABRIELLE.

Serait-ce par oubli qu'il ne viendrait pas , ou plutôt par indifférence... Par indifférence !... Oh! non , je suis bien sûre qu'il m'aime ; il me l'a dit souvent.... et il ne ment jamais... Cependant il ne faut pas être trop bonne avec ces petits messieurs-là. . . Je veux le punir de m'avoir tant fait attendre. Oui , je le gronderai , je le bouderai , je le querellerai... et je finirai... par l'embrasser et lui pardonner.

EUGÈNE, *l'embrassant.*

C'est bien dit.

(Gabrielle étonnée, s'éloigne en faignant de ce fâcher , et veut s'en aller. Après quelques détails de pantomime, il la retient et l'appaise ; ils sont d'accord, Eugène est aux genoux de Gabrielle , et lui met au doigt un anneau d'argent.)

SCENE III.

LES PRÉCÉDENS , la mère MICHEL.

(*Dans ce moment, la mère Michel, portant un petit baril d'eau-de-vie sur le dos, entre en scène et les surprend. Confusion des amans.*)

La mère MICHEL.

Ah ! j'vous y prends, petite effrontée,... et toi , grand vaurien, décampe... décampe au plus vîte.

GABRIELLE.

Mais , ma mère.

La mère MICHEL.

Tais-toi , tais-toi... Souffrir un homme à ses génoux.

EUGÈNE.

Madame Michel, je vous proteste que c'est en tout bien ,
tout honneur.

La mère MICHEL.

Qu'appelles-tu, en tout bien, tout honneur... Quoi ! j'i-
rais donner ma fille à un soldat qui ne possède rien...

EUGÈNE, *l'interrompant.*

Que de la jeunesse et du courage.

La mère MICHEL.

Qui n'occupe aucun poste dans l'armée.

EUGÈNE, *fièrement.*

Je suis grenadier.

La mère MICHEL.

Tandis que ma Gabrielle pouvait prétendre au moins à un
maréchal-de-logis ou à un sergent-fourrier.

GABRIELLE.

Mon père n'était que simple soldat quand il devint votre
mari.

La mère MICHEL.

Oui, mais il venait d'être blessé après une belle action.

EUGÈNE.

Je sers sous le grand Turenne ; que l'occasion se présente ,
et vous verrez. S'il ne faut qu'une belle action pour mériter
Gabrielle , elle est à moi ; j'en jure par mon général et ce
baiser.

(Il embrasse Gabrielle ; la mère Miclel s'échauffe , les sépare , ren-
voie brusquement Eugène , et fait rentrer sa fille dans la cantine.)

SCENE IV.

Les PRÉCÉDENS, FRANCOEUR , SANS - CHAGRIN ,
plusieurs Soldats, *qui se grouppent dans la cantine.*

SANS-CHAGRIN.

Eh bien, bonne mère ; comme vous vous échauffez dès le
matin !

La mère MICHEL.

C'n'est pas sans sujet , mort de ma vie ; c'n'est pas sans sujet.

FRANCŒUR.

Parce qu'Eugène en conte à ta fille et qu'ils s'aiment tous les deux ; n'faut pas s'fâcher pour ça : mil-z-yeux, n'faut pas s'fâcher pour ça. N'as-tu pas aimer, toi?... chacun son tour, c'est la règle... Allons, allons, donne-nous à rafraîchir.

La mère MICHEL.

Bien volontiers.... (*aux autres soldats.*) Et vous, enfans d'la joie ?... Une petite goutte de c't'affaire, pas vrai?

Le Ir. SOLDAT.

Vous savez bien, bonne mère, que je ne vous ai jamais refusé.

La mère MICHEL.

Combien ?

Le Ier. SOLDAT.

Demi-prise.

(Elle donne un verre d'eau-de-vie au premier soldat qui la paie aussitôt. Gabrielle en fait de même aux soldats assis dans la cantine.)

FRANCŒUR.

Et moi donc ? Est-ce que tu m'oublies ?

La mère MICHEL.

Oh qu'nenni pas, mon choux ; combien ?

FRANCŒUR.

L'ordinaire, quoi.donc, demi-squier. (*il goutte à l'eau-de-vie que la mère Michel lui présente.*) Elle est gentille c'te petite eau-de-vie.

La mère MICHEL, *au deuxième soldat.*

Et toi, mon poulet ?

Le IIe. SOLDAT.

Je vous remercie, la mère ; je n'ai point d'argent.

La mère MICHEL, *avec vivacité.*

Eh ! bois toujours : tu m'paieras quand tu pourras.

FRANCŒUR.

L'excellent trognon d'femme ! ... Tiens-toi bien, mère, que je t'embrasse. (*il l'embrasse à plusieurs reprises.*)

La mère MICHEL.

Allons, allons, c'est bien.... encore !.... Ça grand goût, pas vrai... n'semble-t'i pas que j'n'aie que vingt ans.

FRANCOEUR.

Et j'sais ben, nom d'une mitraille, que t'as passé la cinquantaine ; et moi aussi j'l'ai passée. Mais c'est égal, tiens, je... (*il va encore pour l'embrasser.*)

La mère MICHEL, *l'arrêtant par une rasade qu'elle lui verse.*

Allons, finis donc ; et sois sage une fois dans ta vie.

FRANCOEUR, *tenant la rasade en équilibre.*

Je n'bougerai pas : sois tranquille.

Le Ier. SOLDAT.

N'auriez-vous pas un peu de pain à nous donner, bonne mère ?

La mère MICHEL.

Mon dieu non ; j'ons eu beau courir toute la matinée dans les hameaux des environs, j'n'ai pu m'en procurer.

Le IIe. SOLDAT.

Depuis trois jours on n'a fait qu'une distribution d'vivres ; et je commence...

Le Ier. SOLDAT.

Comment se peut-il faire que Turenne, avec tant d'crédit et de prévoyance, laisse ainsi manquer son armée.

SANS-CHAGRIN.

Ce n'est pas sa faute, mes amis.

FRANCOEUR.

Non, mille bombes ! c'n'est pas sa faute.

Le IIe. SOLDAT.

Et à qui donc ?

Le Ier. SOLDAT, *avec humeur.*

Pour moi, je n'peux plus y tenir, d'abord.

FRANCOEUR, *avec brusquerie.*

Allons, paix.

Le IIe. SOLDAT,

Tu diras tout ce que tu voudras ; mais point de pain, point de soldat.

SANS-CHAGRIN.

Est-ce là le langage d'un français !

FRANCOEUR, *avec emportement.*

Triples canons... Si je ne me retenais !

La mère MICHEL.

Allons, allons ; n'allez-vous pas vous fâcher !

SANS-CHAGRIN, *à Francœur, sur le devant de la scène.*

Calme-toi, mon vieux, calme-toi.

FRANCOEUR.

C'est que j'n'aime pas à entendre calomnier les grands hommes... Ils sont si rares !

SANS-CHAGRIN.

Que veux-tu, camarade ! la vertu de tous tems fit des jaloux. Turenne, cependant, devrait en avoir moins qu'un autre. Vit-on jamais avec autant de mérite plus de modestie et de simplicité-

FRANCOEUR.

Il est trop modeste aussi ; oui, mil-z-yeux ! il est trop modeste. Je lui ai dit au moins : je n'me gêne pas, moi, pour lui dire ce que je pense.

SANS-CHAGRIN.

Et qui t'a donné tant de hardiesse ?

FRANCOEUR.

Vingt blessures reçues sous ses drapeaux.... Parle-t-on devant lui des victoires qu'il a remportées, ce sont toujours des... (*imitant le ton de Turenne.*) — Nous gagnâmes, — nous gagnâmes... Raconte-t-il le peu de batailles où il n'a pas réussi, ce sont toujours des... — Je perdis, — je perdis... Il semble à l'entendre que c'est lui seul qui fait le mal, et qu'il ne peut faire le bien qu'avec les autres.

SANS-CHAGRIN.

C'est cependant à lui que la France doit sa gloire et ses nouvelles conquêtes... Quel général fournit jamais une aussi grande carrière ? Oh ! qu'il est doux de servir sous un tel chef !

FRANCOEUR.

Comment oublier ses attaques toujours sûres, ses retraites étonnantes, où, sans répandre une seule goutte de sang, il finissait toujours par gagner avantage sur l'ennemi ?

SANS-CHAGRIN.

Et ce siège mémorable de Dunkerque où nous battîmes si bien les Espagnols : t'en souvient-il ?

FRANCOEUR.

S'il m'en souvient, mil-z-yeux ! je fus fait caporal au haut des Dunes.

SANS-CHAGRIN.

Et cette campagne pénible de l'année dernière, où nous fûmes accablés de fatigues et de maladies. Que de peines, que de soins Turenne prit-il en ces tristes momens !

FRANCOEUR.

Je crois le voir encore entrer dans nos tentes, nous apporter des secours et des consolations ! (*avec attendrissement.*) Va, mon camarade ; il est doux de souffrir quand c'est la main d'un bienfaiteur qui soigne nos blessures. (*Il essuie une larme qui s'échappe de ses yeux.*)

SANS-CHAGRIN.

Allons, à la santé du brave Turenne !

LE Ier. SOLDAT.

Du vainqueur de l'Autriche.

LE IIe. SOLDAT.

De l'ami des soldats,

FRANCOEUR, *reprenant sa gaîté.*

Du pacificateur de l'Europe ; car c'est la victoire, mille bombes, qui nous revaudra la paix.

SANS-CHAGRIN.

Tu as raison...

COUPLETS.

Air : *de Cuvelier.*

SANS-CHAGRIN.

Après de pénibles combats ,
Un peu de repos est utile.
Moi j'aime assez qu'un ciel tranquille
Succède à la foudre en éclats

Allons enfans, faisons gaîment la guerre,
C'est le chemin qui conduit à la paix.
Quelle gloire d'être français,
Pour donner la paix à la terre.

(*On répète en chœur le refrein.*)

Pour celui qui revient vainqueur,
Tout est nouvelle jouissance ;

Tout s'est embelli par l'absence
Des illusions du bonheur.

Allons enfans, etc.

A son retour bien accueilli,
Un guerrier, comme par magie,
Trouve sa femme rajeûnie,
Tandis que son vin est vieilli.

Allons enfans, etc.

SCENE V.

LES PRÉCÉDENS, UN OFFICIER, *sortant*
de la maison à droite.

L'OFFICIER.

Voici le général.

(*Les soldats de garde prennent les armes et se mettent en bataille,
le tambour bat aux champs ; les autres soldats restent debout et chapeau bas.*)

SCENE VI.

LES PRÉCÉDENS, TURENNE, St. HILAIRE,
père et fils, VAUBRUN, DELORGE, L'ÉTAT-
MAJOR.

(*Turenne interrompt avec modestie les honneurs qu'on
lui rend.*)

TURENNE, *aux officiers généraux qui l'accompagnent.*

Oui, messieurs ; oui, tous les instans de ma vie vous appartiennent. Ne craignez donc jamais de m'importuner, de m'interrompre ; et que cela soit dit une fois pour toutes... (*Il fait un signe : tous les soldats se retirent à l'exception de Francœur et Sans - Chagrin, qui restent dans un coin de la cantine.*) J'ai moi-même examiné scrupuleusement la position des ennemis : la voici fidèlement retracée. (*Il déploie un plan qu'il explique aux officiers généraux qui l'entourent, et qui l'écoutent avec la plus grande attention.*) Montécuculli, que nous avons environné de toutes parts, médite une retraite du côté de Sa pach ; déjà la cavalerie se resserre vers le pied de la montagne : ne souffrons pas qu'il y rassemble toutes ses forces. Sa droite, vous le voyez, est inattaquable; mais il n'en est pas de même de sa gauche. Ce défilé, qui serpente dans ses ravins, y conduit; c'est par-là que j'ai résolu de fondre sur son flanc. Ses soldats sont abattus par les marches forcées qu'ils viennent de faire; et ces bois épais (*montrant la gauche du théâtre.*) pourront nous aider à les surprendre. Je soumets ce projet à vos réflexions. Au reste, examinez-le sévèrement; oubliez sur-tout que je suis votre chef, et traitez-moi comme un frère-d'armes qui reclame vos avis.

St. - H I L A I R E, père.

Quant à moi, prince, je ne puis qu'applaudir à vos résolutions. Ce projet d'attaque est hardi sans doute; mais je le crois d'un effet certain.

V A U B R U N.

C'est aussi mon opinion.

D E L O R G E, *et les autres officiers.*

Nous pensons tous de même.

T U R E N N E.

Puisqu'il est ainsi, messieurs, l'attaque est décidée... Ceux que nous allons combattre sont braves et aguerris, ils sont commandés par un des plus grands généraux du siècle; on ne peut se le dissimuler, le choc sera terrible. Que chacun donc se rende à son poste, et se prépare à marcher au premier signal. Vous, comte Delorge, allez porter mes ordres au grand parc d'artillerie; vous, marquis de Vaubrun, je vous confie le commandement de la réserve. Quant à moi, je vais employer cette journée à tout examiner moi-même, à tout préparer pour cette grande entreprise. Allez... St. - Hilaire et son fils resteront près de moi. (*Delorge, Vaubrun et les autres officiers se dispersent et disparaissent.*)

SCÈNE VII.

TURENNE, St-HILAIRE, père et fils, *examinant en-*
core le plan sur le devant de la scène, FRANCOEUR et
SANS-CHAGRIN, *dans la coulisse.*

FRANCOEUR, *à Sans-Chagrin.*
Le moment est favorable, il faut lui parler.

SANS-CHAGRIN, *le retenant.*
Tu vas le fâcher, peut-être.

FRANCOEUR.
Oh qu'non, mil-z-yeux : il verra bien que ça part de là.
(*Il ferappe sur son cœur.*) (*à Turenne.*) Mon général.

TURENNE.
.Avancez, mes enfans, avancéz... Que me voulez-vous ?

SANS-CHAGRIN.
Serait-il possible, général, de vous parler en particulier ?

TURENNE, *montrant les deux St.-Hilaire.*
C'est comme si j'étais seul : mes amis, vous pouvez vous
expliquer sans crainte.

FRANCOEUR.
Nous venons vous instruire qu'on murmure contre vous
dans l'armée.

TURENNE.
Contre moi, dites-vous !

FRANCOEUR.
Oui, mil-z-yeux, contre vous.

SANS-CHAGRIN.
On ne sait à quoi attribuer la disette où nous nous trouvons;
lorsque nous interrogeons les fournisseurs, ils nous disent
pour toute réponse que les magasins sont vides.

TURENNE, *avec une douleur concentrée.*
Je le sais, mes enfans, je le sais.

FRANCOEUR.
Déjà l'on manque de pain dans plusieurs de nos quartiers;
et l'on crie contre vous, général; et l'on jure... Ce n'sont
pas vos vieux soldats au moins; nous savons bien que lorsque
nous souffrons, vous souffrez encore davantage; mais nos

jeunes camarades qui ne vous connaissent pas comme nous , s'imaginent, mil-z-yeux, que vous êtes la cause de la famine qui nous menace.

St.-HILAIRE.

Ils se trompent, mes amis.

FRANCOEUR.

C'est c'que nous leur disons, nom d'une bombe ; mais ils ne veulent rien entendre.

SANS-CHAGRIN.

Il est tems, prince, d'appaiser ces troubles dangéreux. Nous nous attendions bien qu'ils déchireraient votre ame paternelle ; mais nous n'avons pas balancé à venir vous en instruire, bien sûrs que vous ne verriez dans notre conduite, que le zèle et l'attachement de vos vieux serviteurs.

TURENNE.

Retournez, mes enfans, retournez à vos quartiers. Tâchez de me ramener ceux que l'on a égarés sur mon compte. Dites-leur bien qu'ils peuvent être tranquilles ; et que, dussé-je les alimenter dé mon sang, aucun d'eux ne périra de besoin.

SANS-CHAGRIN.

Oh ! nous savons bien ce qui cause tout ce désordre-là , nous n'ignorons pas que ce sont tous les courtisans qui, jaloux de votre gloire et de vos succès , cherche à faire souffrir votre armée.

FRANCOEUR.

Ils voudraient vous faire perdre l'amour de vos soldats ; mais ils n'y parviendront pas , mon général ; non, mil-z-yeux, ils n'y parviendront pas.

SANS-CHAGRIN.

Nous périrons s'il le faut de misère et de faim ; mais en expirant, nous vous bénirons encore ; et le nom de Turenne sera le dernier mot qui mourra sur notre bouche.

TURENNE, *d'un ton plus ému.*

Allez, mes enfans, allez. (*Il s'appuie la tête dans ses mains, et tombe dans une rêverie profonde.*)

SCENE VIII.

TURENNE, St.-HILAIRE, père et fils.

St.-HILAIRE, père.

Louvois ! perfide Louvois ! ce sont là de tes coups ! ...
C'est aussi trop long-tems souffrir de ce ministre. Turenne,
il faut au plutôt dévoiler sa conduite.

St.-HILAIRE, fils.

Faites connaître cet homme injuste ; publiez les retards fu-
nestes qu'il nous fait éprouver, les dangers auxquels il ex-
pose toute l'armée, vous vous vengerez de lui ! ...

TURENNE, *sortant tout-à-coup de sa rêverie.*

Moi, céder aux attraits de la vengeance ! ... Non, non,
j'en ai souvent trouvé l'occasion : sans en profiter ; et ce n'est
point à mon âge que l'on change de conduite ; plus on est
vieux, plus on doit se garder de commettre des fautes, de
peur de n'avoir pas le tems de les réparer : Louvois est mon
ennemi ; mais son zèle et ses talens ont plus d'une fois sauvé
la France.... Il est jaloux de moi et cherche à me nuire ; eh
que m'importe ! je lui pardonne tout, puisqu'il est utile à
mon pays.

SCENE IX.

LES PRÉCÉDENS, UN OFFICIER, DEUX
MAGISTRATS de la ville de Francfort.

L'OFFICIER.

Prince, voici deux magistrats de la ville de Francfort,
qui désirent être instroduits près de vous.

TURENNE.

Qu'ils avancent !

UN MAGISTRAT.

Les habitans de la ville de Francfort, dont nous sommes
les organes, instruits que votre armée doit traverser leur ter-
ritoire, nous ont envoyé vers vous, prince, pour vous pro-
poser de vous faire compter, ce jour même, cent mille écus,
si vous consentez à changer votre marche.

St. - **H I L A I R E**, père, *bas à Turenne.*
Jamais offre ne vint plus à propos.

St. - **H I L A I R E**, fils.

C'est le ciel qui nous l'envoie pour échapper aux maux
qu'on nous prépare ; acceptez, général, et ne balancez pas.

T U R E N N E, *aux deux St.-Hilaire.*

Il ne suffit pas, mes amis, de faire ce qui est utile ; il faut
encore ce qui est juste... (*aux magistrats de Francfort.*) Il
n'était point dans mes projets de passer sur vos terres : je ne
puis, en conséquence, accepter l'offre que vous me faites ;
retournez vers ceux qui vous envoient, et assurez-les bien
que je ferai respecter leurs foyers. (*l'officier et les deux ma-*
gistrats sortent.)

S C E N E X.

T U R E N N E, St.-H I L A I R E, père et fils.

St. - **H I L A I R E**, père.

J'applaudis, Turenne, à tant de grandeur d'ame ; mais
comment pourvoir aux besoins pressans de l'armée ?

T U R E N N E.

Il me reste encore une ressource, c'est la dernière, il est
vrai ; mais j'espère qu'elle ne sera pas infructueuse. (*à St.-*
Hilaire fils.) allez faire rassembler sur-le-champ toute mon
argenterie ; que rien, jusqu'aux moindres pièces, que rien ne
soit oublié ; vous renfermerez le tout avec soin, et vous atten-
drez mes ordres pour le porter à sa destination ; allez. (*St.-*
Hilaire fils rentre au quartier-général.)

St. - **H I L A I R E**, père.

Et quoi ! vous voudriez vous dépouiller.

T U R E N N E.

Qu'ai-je besoin de tous ces meubles inventés par l'orgueil!
rendent-ils plus heureux ?... Ah ! qu'on ne manque de rien
dans mon armée, et rien ne me manquera... On vient; pas un
mot, St.-Hilaire, de ce qui vient de se passer entre nous.

S C E N E X I.

¡ Les précédens, VAUBRUN, DELORGE.

VAUBRUN.

Nous venons, général, de visiter cette forêt ; l'ennemi
fait des mouvemens pour la tourner ; il est essentiel, pour
l'empêcher d'y pénétrer, d'établir un poste qui couvre notre
flanc.

TURENNE.

Ce poste va devenir très-important ; je ne puis mieux m'en
assurer qu'en le confiant aux braves grenadiers de mon régiment. Vaubrnn, donnez l'ordre qu'ils marchent sur-le-champ.
Dites-leur que j'irai moi-même les visiter et que je compte
sur leur courage.

(Vaubrun assemble les grenadiers, tandis que Turenne et St.-Hilaire
rentrent au quartier-général. Eugène se trouve dans les rangs. Adieu
d'Eugène et de Gabrielle. Turenne sort du quartier-général, monté
sur son cheval pie ; son nègre, aussi à cheval, l'accompagne avec
ses valets de pied et tout l'état-major ; Turenne fait défiler les grenadiers qui s'enfoncent dans le bois, ensuite il sort lui-même par le
hameau.)

Fin du premier Acte.

ACTE II.

Le théâtre représente une forêt très-épaisse. A gauche, au troisième plan, un ravin dans lequel se précipite un torrent qu'on traverse au moyen d'un rocher incliné en forme de voûte. En avant un gros tronc d'arbre, auprès un petit tertre. Dans le fond au-delà du torrent, on distingue une colline, un chemin tournant qui s'enfonce en montant dans le plus épais du bois.

SCÈNE PREMIÈRE.

EUGÈNE, SANS-CHAGRIN, Grenadiers.

(*Plusieurs patrouilles traversent la scène la baïonnette en avant et examinant scrupuleusement tous les détours du ravin. Sans-Chagrin, à la tête d'une de ces patrouilles, place Eugène en sentinelle sur le rocher qui traverse le torrent. Il s'avance ensuite sur le devant de la scène et fait ce commandement à sa troupe.*)

Halte ! posez-vous... armes !... en place !... repos !...(*Les soldats s'appuient sur leurs armes et s'essuient la figure. Quelques-uns boivent un coup à leur gourde.*)

SCÈNE II.

LES PRÉCÉDENS, TURENNE, St.-HILAIRE père, FRANCŒUR, SUITE DE TURENNE. (*A l'arrivée de Turenne, tous les soldats portent les armes.*)

TURENNE.

Eh bien, enfans, que faites-vous donc là ?

SANS-CHAGRIN.

Nous nous réchauffons à la fois le cœur et l'estomac, mon général, nous buvons à votre santé.

C

TURENNE.

Dites-moi, mes amis, avez-vous parcouru les ravins qui
sont au-delà de ce torrent ?...(*Il désigne le côté du torrent.*)

SANS-CHAGRIN.

Oui, mon général.

TURENNE.

Et qu'avez-vous remarqué ?

SANS-CHAGRIN.

Beaucoup de mouvemens du côté de Saspach : un grand
nombre de patrouilles qui cherche à pénétrer dans ces bois
en traversant ce ruisseau. (*il montre Eugène.*) J'ai placé cette
sentinelle avancée pour les surveiller.

FRANCOEUR.

Ils voudraient nous surprendre, les chiens ; mais si nous
pouvions tomber dessus !... O mille millions de tonnerre.

TURENNE

Il faut promptement d'oublier nos forces de ce côté pour s'opposer à leur passage. (*à Sans-Chagrin.*) Remontez à la grand-
garde qui est placé sur les hauteurs qui bordent la lisière de
ce bois, et recommandez la plus exacte vigilance. (*A Francœur.*) Et toi, vieux camarade, va jusqu'au camp ; tu diras
de ma part au comte Delorge de faire avancer un détachement de trois cents hommes. (*Francœur, Sans-Chagrin et
les autres soldats sortent de différens côtés.*)

SCENE III.

TURENNE, St.-HILAIRE, père et fils,
EUGÈNE, *en faction.*

St.-HILAIRE.

Je vous cherchais, général, pour vous apprendre que la
vente de votre argenterie est montée à un prix bien plus
considérable que vous ne le pensiez. J'ai fait acheter une
grande quantité de vivres que j'ai laissée sous la garde d'une
escorte nombreuse; dans le moment où je vous parle, le con-
voi entre dans le camp.

TURENNE, *avec chaleur.*

Je vais donc une fois encore sauver mes soldats des hor-

reurs de la famine ! ô ! mon jeune ami, je dois ce bonheur à
vos soins , à votre activité.

St.-HILAIRE, fils.

Et qui ne vous serais pas dévoué tout entier ? Exécuter
vos ordres, Turenne, c'est être sûr de faire toujours le bien.

TURENNE, avec modestie.

Revenons à l'objet qui seul doit nous occuper en ce moment. (A St.-Hilaire , père.) As-tu fait établir une batterie
sur les hauteurs , ainsi que nous en étions convenus ?

St.-HILAIRE.

Oui , général , j'ai exécuté vos ordres.

TURENNE.

Dis nos avis communs! ce ne sont jamais des ordres que je
te donne, mais des conseils en échange des tiens. Nous irons
visiter ensemble ces traveaux ; je me fie beaucoup à ton expé-
rience ; mais autant qu'il m'est possible, St.-Hilaire , je
ne m'en rapporte qu'à moi seul.

St.-HILAIRE.

Et vous avez raison ; votre examen, loin de me déplaire ,
est un besoin pour moi.

TURENNE.

Que j'aime cette franchise, cette simplicité !...O mon ami !
si tous ceux à qui sont confiés les grands intérêts de la patrie ,
se chérissaient comme nous deux, que la France serait heu-
reuse !... Mais le jour avance, achevons notre tournée. (A
Eugène qui leur présente les armes au fond du théâtre.)
Jeune homme , tu gardes-là un des postes les plus périlleux
que je connaisse.

EUGÈNE, d'un ton ferme et fier.

Il n'en est que plus honorable.

TURENNE, bas à St.-Hilaire.

J'aime cette réponse.— (à Eugène.) Je suis charmé d'y
voir un brave tel que toi.—(lui désignant le rocher qui traverse le torrent.) Cette issue est la seule par laquelle l'ennemi
pourrait essayer de se faire un passage, tu n'és qu'à cinquante
pas de la grande-garde ; vigilence , prudence !

EUGÈNE.

Soyez tranquille.

TURENNE.

Donne-moi la main.

EUGÈNE.

La voici.

TURENNE.

Je puis compter sur toi.

EUGÈNE.

A la vie, à la mort.

(Turenne et les deux St.-Hilaire sortent par le fond du théâtre.)

SCENE IV.

EUGÈNE, GABRIELLE.

(*Après qu'Eugène a parcouru son poste quelques instans, Gabrielle arrive en courant, elle porte un petit panier au bras.*)

(Eugène, avant que Gabrielle ne paraisse, entendant du bruit dans les broussailles, cri deux fois : *qui va là*, en se disposant à faire feu : en appercevant Gabrielle, il s'arrête étonné ; Gabrielle, d'abord effrayée, lui montre de loin le petit panier. — Refus d'Eugène qui lui fait signe de se retirer. Gabrielle insiste et lui montre du pain et des fruits renfermés dans le panier. Eugène qui n'a rien pris depuis long-tems, se laisse tenter et partage son attention entre Gabrielle et le poste qu'il doit garder ; après quelques détails de pantomime, Gabrielle s'est approchée d'Eugène, qui, après avoir regardé de tous côtés, et s'être bien assurée qu'il ne peut-être surpris, prend le pain et les fruits et les dévore avec avidité ; ensuite il remercie Gabrielle, et, s'appercevant qu'elle est très-échauffée, il lui essuie la figure avec son tablier ; et après lui avoir prodigué quelques caresses, il la conjure de se retirer et de le laisser tout entier à son devoir. Gabrielle craint pour les jours de son amant ; un pressentiment funeste l'agite, elle voudrait partager ses dangers. Eugène exige pour la dernière fois qu'elle se retire ; elle s'éloigne avec regret en lui envoyant de loin quelques baisers. — Eugène, appuyé sur son fusil, porte toute son attention sur son amante qui a bravé tous les périls, pour lui apporter la nourriture dont il avait si grand besoin.)

SCENE V.

EUGÈNE, OFFICIER de l'armée Impériale, à la tête d'un détachement, TURENNE, ensuite ses Officiers-Généraux à la tête de leurs troupes.

(Tandis qu'Eugène suit des yeux Gabrielle et lui envoie un dernier baiser, l'officier ennemi, qui a pénétré avec ses soldats par le chemin tournant de la colline, traverse le rocher avec précaution et en silence, et dans l'instant où Eugène retourne, il se trouve cerné, saisi, et vingt baïonnettes sont sur sa poitrine.)

L'OFFICIER, *lui appuyant la pointe de son épée sur le cœur.*

Si tu dis un seul mot, si tu fais un seul cri, tu es mort.

EUGÈNE, *vivement.*

Aux armes, Turenne ! voilà l'ennemi.

(Il tombe aussi-tôt percé de plusieurs coups ; on entend battre le tambour, la garde Française s'avance, elle est d'abord repoussée par les Impériaux, à qui il arrive du renfort ; combat géneral. Turenne s'élance en milieu de la mêlée, saisit un drapeau, rallie ses soldats, et marche à leur tête ; et, après des prodiges de valeur, il parvient enfin à repousser les Impériaux,)

SCENE VI.

(*Eugène, resté seul, se relève et se traîne lentement et avec peine vers le tronc d'arbre qui est sur l'avant-scène, en s'appuyant douloureusement sur le tertre qui est auprès.*)

SCENE VII.

(*Deux tirailleurs de l'armée Impériale arrivent, et appercevant Eugène, l'un d'eux lui tire un coup de pistolet et le manque ; Eugène ajuste son ennemi et l'étend mort d'un coup de fusil ; le second tirailleur, furieux de la mort de son camarade, veut sabrer Eugène.*)

SCENE VIII.

(*Turenne accourt, pare le coup de sabre, combat le tirailleur et le met en fuite.*)

(Turenne rentre vainqueur, il court vers Eugène et le soulève dans
ses bras ; Eugène, reconnaissant le général, fait un effort pour
tomber à ses genoux. Turenne le retient, et après lui avoir prodigué tous les soins de l'amitié, il arrache son écharpe et en forme à
la hâte un appareil avec son mouchoir pour étancher le sang qui
coule de sa blessure : attendrissement d'Eugène qui baise les mains
du général. Turenne va regarder avec impatience au fond de la
scène, et ne voyant revenir aucun de ses soldats occupés à la pour-
suite des ennemis, il annonce à Eugène la résolution de l'emporter
lui-même sur ses épaules, celui-ci veut en vain s'y opposer, le général insiste, et Eugène, cédant à ses sollicitations, se soulève pé-
niblement le long du tronc d'arbre, de manière que Turenne parvient à l'emporter.)

SCENE IX.

LES PRÉCÉDENS, GABRIELLE, la mère
MICHEL, le Village, St.-HILAIRE, père
et fils, FRANCŒUR, SANSCHAGRIN,
DELORGE, toute l'armée Française.

(*A peine ont-ils gagné le milieu du théâtre, Gabrielle accourt, et, à la vue de son amant, tombe dans les bras de
sa mère ; dans le même instant, l'armée Française victo-
rieuse peuple la scène ; admiration causée par l'action
de Turenne, tableau général ; Francœur, Sans-Chagrin
et plusieurs soldats enlèvent Eugène et le placent sur un
brancard ; Gabrielle, revenue à elle, prodigue ses soins à
son amant.*)

St.-HILAIRE, fils.

Que je suis attendri !

St.-HILAIRE, père.

O ! sublime vertu ! ô bonté mémorable !

T U R E N N E.

Je n'ai fait que mon devoir. Ne sommes nous pas tous ici-bas pour nous entr'aider, nous secourir! Gardez votre admiration pour ce brave jeune homme dont le dévouement a sauvé l'armée, et croyez que je n'ai porté de ma vie un fardeau plus précieux.

FRANCŒUR.

Mon général, depuis plus de trente ans que vous nous commandez, vous vous êtes constamment occupé à adoucir notre sort, à veiller sur notre conservation ; aussi nos cœurs, vous le savez, tous nos cœurs n'ont pas cessé d'être a vous ; mais ce que vous venez de faire aujourd'hui met le comble à notre amour, à notre admiration. Il faut, mil-z-yeux, que nos ames se soulagent ; je vous déclare donc, au nom de tous mes camarades, au nom de toute l'armée, que nous vous proclamons le père des soldats français. — (*Turenne fait un mouvement pour refuser.*)

SANS-CHAGRIN.

Ne refusez pas, grand homme, ce titre sacré que vous offrent le respect, la franchise et la reconnaissance.

(Tous les soldats qui l'environnent tombent à genoux ; Turenne les relève avec bonté et embrasse Francœur : la mère Michel, à la tête du village, lui présente une couronne de feuillage.)

T U R E N N E.

Ce n'est pas à moi que cette couronne est due, c'est à ce brave jeune homme que je fais officier ; et je veux qu'il la reçoive de la main qui lui est la plus chère.

(*Il remet la couronne à Gabrielle, qui la pose sur la tête de son amant.*)

SCENE X.

LES PRÉCÉDENS, VAUBRUN.

VAUBRUN, *entrant en scène.*

Général, les colonnes de l'ennemi se sont mises en mouvement de tous côtés ; il est en pleine retraite.

T U R E N N E.

Mes amis, vous dire de le poursuivre, c'est vous ordonner

de voler à de nouvelles victoires ! Que l'armée se mette en marche sur-le-champ ! Montécuculli ne peut nous échapper ; demain, à la pointe du jour, nous tomberons sur lui, et nous recueillerons les fruits de cette longue et pénible campagne.

(L'armée se forme en colonne, et exécutant le passage de défilé, en avant, par les ailes, elle sort par le rocher, conduite par Turenne ; Eugène sur le brancard, et Gabrielle qui le soutient avec la mère Michel et le village, sortent par la droite ; Turenne, à cheval, suivi de ses valets et de son état-major, fait exécuter les mouvemens militaires en dirigeant les différentes colonnes, que l'on voit défiler au haut de la colline par le chemin tournant, et se perdre insensiblement dans les bois.)

Fin du second Acte.

ACTE III.

Le théâtre représente dans le fond une montagne à plusieurs plans, sur laquelle, à mi-côté à gauche, on apperçoit le village de Saspach; au bas du village est un moulin à vent qui a été fortifié et palissadé à la hâte; une partie de l'armée française est bivouaqué sur la montagne, et autour du moulin occupé par les grenadiers du régiment de Turenne; plusieurs sentinelles sont posées çà et là; à l'avant-scène, à gauche, Turenne est endormi sur l'affut d'un canon; au sommet de la montagne, à droite, est une batterie de pièces de position.

SCENE PREMIERE.

TURENNE, *endormi*, SANS-CHAGRIN, FRANCOEUR, DEUX SOLDATS, *parlant.*
Au lever du rideau, l'éclair brille et le tonnerre gronde dans le lointain; Francœur se réveille, bat le briquet et allume sa pipe.)

Le Ier. SOLDAT.

EH ben, camarade, nous avions grand tort de murmurer tantôt contre le général.

Le IIe. SOLDAT.

Si jamais cela m'arrive... —— Francœur avait raison; nous avons du pain à présent.

Le Ier. SOLDAT.

Se priver de tout pour nous... — Est-il ben possible !

FRANCOEUR, *les abordant.*

Ça t'surprend, toi; on voit ben qu'il n'y a pas long-tems que tu es dans l'armée. Va, va, quand tu auras, comme moi,

grisonné sous les armes , tu verras, mil-z-yeux, qu'il n'est
point de traits de bonté , point de grande action , dont Turenne ne soit capable.

(*Plusieurs soldats s'approchent.*)

S A N S - C H A G R I N.

Comment en douter, d'après ce qu'il a fait pour notre
jeune camarade ?

F R A N C O E U R.

Ce brave Eugène ! je crois le voir encore porté par notre
bon père.

S A N S - C H A G R I N.

Heureusement que ses blessures sont légères ; c'eût été
bien dommage pour cette pauvre Gabrielle. — (*l'orage augmente.*)

F R A N C O E U R.

Ils s'aiment tant , ces chers enfans !

S A N S - C H A G R I N.

Le général s'en est bien apperçu , rien ne lui échappe; et
je l'ai entendu qui leur disait : consolez-vous, jeune fille ;
prends courage , brave jeune homme ; à ta convalescence, je
promets de vous unir.

F R A N C O E U R , *d'une voix élevée.*

Et là-dessus , fallait voir la vieille mère Michel vous déta-
cher une belle révérence ; et se gourmer déjà d'avoir pour
gendre un officier.

S A N S - C H A G R I N.

Parle donc plus bas , tu vas réveiller le général.

F R A N C O E U R , *s'approchant de Turenne.*

Il dort, mil-z-yeux , il dort de tout son cœur.

S A N S - C H A G R I N.

Comme la sérénité est répandue sur tous ses traits. ——O !
mes amis ! que le sommeil de l'homme de bien est doux et
respectable.

F R A N C O E U R.

Mais l'orage augmente , la pluie qui va tomber pourrait
troubler son sommeil, il faut l'en garantir; imitez-moi, brave
amis , et s'il est possible, prolongeons le repos de notre bienfaiteur. (*Il quitte son habit avec précipitation , tous les au-*

tres l'imitent, et, à l'aide de leurs espontons, ils forment avec leurs vêtemens un dais au-dessus de Turenne : l'orage a redoublé, un grand coup de tonnerre réveille le général.)

TURENNE, *se levant brusquement.*

Que faites vous - là, soldats, sans vêtement, sans armes ?

SANS-CHAGRIN, *avec crainte et sensibilité.*
Mon général.

TURENNE.

Vous ne répondez pás ? — Où sont vos vêtemens ? je veux être éclairci.

FRANCOEUR, *désignant le dais.*
Général, les voici.

TURENNE, *passant de la brusquerie à la plus vive émotion.*

Que vois-je ! c'était pour me garantir, mes amis !... mes chers amis.

(Il leur exprime sa sensibllité, l'orage diminue et cesse tout à-fait ; ils baisent les mains de Turenne et reprennent leurs habits.)

SCENE II.

LES PRÉCÉDENS, VAUBRUN, DELORGE, St.-HILAIRE, fils, l'Etat-Major.

(Lorsque l'état-major arrive, tonte l'armée se met en bataille diagonalement, l'artillerie aux ailes ; Turenne, après avoir salué ses officiers-généraux, les conduit dans le fond du théâtre, passe l'armée en revue, et fait voir à l'état-major le moulin qu'il a fait fortifier, et leur fait part des dispositions qu'il a faites pour la bataille.)

SCENE III.

(Eugène paraît portant le bras gauche en écharpe, il est appuyé sur Gabrielle et la mère Michel ; Turenne court à lui, le présente à l'armée comme un modèle de bravoure, et, lui donnant sa propre épée, le reçoit officier sous le drapeau. L'armée, après une courte évolution, sort de différens côtés. Turenne reste seul en scène avec les sentinelles.)

SCENE IV.

TURENNE, *seul.*

Le projet que j'ai conçu occupe sans cesse ma pensée. Je vais donc confier au sort des armes le salut de mon pays et l'existence de cinquante mille Français. — Que cette idée est imposante ! — Comme elle élève mon ame ! je sens, oui, je sens qu'elle rallume dans mon sein toute la vigueur de mes jeunes années.

SCENE V.

TURENNE; St.-HILAIRE, père.

TURENNE.

Bon jour, St.-Hilaire !...

St.-HILAIRE.

Déjà debout ! la tournée que nous avons faites cette nuit, prince, aurait dû vous fatiguer.

TURENNE.

Point du tout ! je suis déjà vieux, il est vrai ; mais, grace au ciel, j'ai conservé toutes mes forces. J'ai dormi on ne peut pas mieux sur cet affut, les songes les plus heureux ont bercé mon imagination ; je me trompe fort ou cette journée sera brillante pour nous. Montécuculli, que je presse de toutes parts, va se voir forcé de nous attaquer ; s'il nous attaque, il est perdu.

SCENE VI.

LES PRÉCÉDENS, St.-HILAIRE, fils, VAUBRUN, DELORGE, l'Etat-Major.

St.-HILAIRE, fils, *accourant.*

Général, je viens d'examiner la position de l'ennemi, il s'apprête à nous livrer bataille ; déjà ses tirailleurs se sont jetés sur les flancs de cette montagne, et il vient de faire avancer du canon sur les bords du ravin qui les sépare du village de Saspach, qu'il fait mine de vouloir emporter.

TURENNE, *avec exhaltation.*

Voilà justement ce que je desirais. (*désignant le haut de la montagne.*) Cette batterie masquée va les prendre en revers ; ils sont à nous. — Messieurs, suivez-moi, toutes les troupes sont sous les armes, qu'elles prennent en silence leurs positions respectives ; moi, je vais sur cette montagne, examiner attentivement l'ennemi qui ne peut nous échapper.

St.-HILAIRE, fils.

Gardez-vous, prince, de trop avancer sur la hauteur, on pourrait tirer sur vous.

TURENNE.

Ne craignez rien, cette journée est trop belle pour moi, je n'ai pas envie de mourir aujourd'hui.

(Il monte à cheval et va sur la montagne, accompagné de St.-Hilaire père et fils, et d'une partie de son état-major. Pendant ce tems il se fait sur la scène un mouvement de troupes qui défilent de la droite à gauche et vont prendre des positions : au moment où Turenne paraît sur la montagne, un coup de canon part du côté de l'ennemi, le boulet emporte le bras de St.-Hilaire, et frappe Turenne sur la poitrine, le précipite de cheval et l'étend mort sur la place.)

SCENE VII.

(Au moment où le coup de canon part, on entend de tous côtés une vive fusillade, les ennemis arrivent sur la montagne, la baïonnette au bout du fusil, ils repoussent les français, et après quelque résistance s'emparent du moulin ; pendant la mêlée, on emporte le corps de Turenne et les tirailleurs forment sur l'avant-scène, tandis qu'on se bat dans le fond, plusieurs grouppes et combats particuliers. Dès que les impériaux sont maîtres du moulin ; ils veulent s'avancer pour emporter la batterie qui les incommode par un feu terrible et continu ; alors ils sont pris en queue par le régiment de Turenne et plusieurs autres troupes, et, après un grand carnage, il sont mis en déroute de tous côtés.)

SCENE VIII.

*(Tous les Français vainqueurs se répandent sur la scène,
et mettent leurs bonnets et leurs chapeaux au bout de leurs
baïonnettes, il crient tous : Vive la France ! ! ! Victoire,
victoire.)*

SCENE IX.

LES PRÉCÉDENS, SANS-CHAGRIN.

SANS-CHAGRIN, *accourant de la droite couvert de sueur et de
poussière.*

Camarades, suspendez ces transports de joie ! Nous sommes vainqueurs, mais le grand Turenne n'est plus. (*conster-
nation général.*) Le premier coup de canon, après avoir
emporté le bras du marquis de St.-Hilaire, nous a privé pour
jamais de notre bienfaiteur.

*(Tous les soldats jettent leurs armes de rage, et témoignant le plus
violent désespoir. On entend un roulement funèbre, et une musique
lugubre.)*

SCENE X.

*(On apporte sur l'avant-scène le corps de Turenne placé sur un bran-
card, et couvert d'un manteau rouge ; son cheval de bataille marche
après le brancard ; tout l'état-major en pleurs, ferme le cortège.
St.-Hilaire, le bras en écharpe, est appuyé sur son fils ; Eugène et
tous les soldats s'empressent autour de ses restes précieux, et témoi-
gnent le desir de voir, pour la dernière fois, les traits du grand
homme qui les conduisait à la victoire.)*

St.-HILAIRE, fils.

O mon père !... tout votre sang...

St.-HILAIRE, père, *l'interrompant.*

Ce n'est pas moi qu'il faut pleurer, mon fils, c'est ce grand
homme.

*(Vaubrun et Delorge cédant à leurs vœux soulèvent le manteau ; le
corps de Turenne est à découvert, tous les soldats se prosternent,
les mains tendues vers le ciel ; tableau général, roulement funèbre,
la toile tombe.)*

FIN.

CATALOGUE

Des pièces de théâtre qui se trouvent chez le même Libraire.

TRAGÉDIES.

Abdélazis et Zuleima, de Murville.
Abufar, de Ducis, en 4 actes.
Agamemnon, Lemercier.
Epicaris et Néron, en 5 actes.
Fénélon, de Chénier, 5 actes.
Geneviève de Brabant.
Manlius Torquatus.
Marius a Minturne.
Ophis, par l'auteur d'Agamemnon.
Othello, de Ducis.
Thénaïs et Zélisca.
Thimoléon, de Chénier.

COMÉDIES.

Abbé (l') de l'Epée, de Bouilly, en 5 actes.
Adélaïde de avières, en 3 act.
Alceste à la campagne, Demoustier.
Ami (l') du peuple, en 3 a. en vers.
Ami à l'épreuve, en un acte.
Amis (les) des loix, de Laya.
Arrivée (l') du maître, de Dumaniant.
Artistes (les), en 4 actes, Collin-d'Harleville.
Banquier (le), en 3 actes.
Cadet-Roussel, ou le café des aveugles.
Cadet-Roussel. (mort de)
Cadet-Roussel barbier
Cadet-Roussel maître de déclamation.
Cadet-Roussel, misantrope.
Café d'une petite ville, en 1 acte, en vers.
Canardin, ou les amours du quai de la volaille, parade.
Catherine, ou la belle fermière.
Château (le) des Appennins ou le fantôme.
Chevalier Noir (le), drame en 3 act.
Conciliateur (le), de Demoustier, en 5 actes en vers.
Conteur (le), ou les deux postes, en 3 actes.
Châteaux (les) en Espagne, de Collin-d'Harleville.
Claudine de Florian, 3 act.
Cœlina, ou l'enfant du mystère, 3 actes.
Commissionnaire (le) ou Cange.
Cordonnier (le) de Damas.
Crac dans son petit castel, en un acte, en vers, de Collin.
Crimes (les) de la noblesse.
Défiances et malice, en 1 acte.
Désespoir de Jocrisse, de Dorvigny.
Deux font la paire.
Deux mères, (les) 1 acte.
Divorce (le), par Demoustier.
Double assaut, en 1 acte.
Dragons (les), de Pigault.
Dragons en cantonnement, id.
Ecoles (l') des jeunes femmes, de Collin-d'Harleville.
Empirique (l'), de Pigault.
Fausse (la) mère, en 3 act.
Femme (la) à 2 Maris, 3 actes.
Femmes (les) en 3 actes, en vers de Demoustier.
Foux (les) hollandais, ou l'amour aux petites maisons.
Frères (les 2), de Patrat, en 4 act.
Henri et Périne, de Dumaniant, en 1 acte.
Homme (l') à trois visages.
Hommes (les) et les Femmes, en 3 actes, de Cuvelier.
Inconstant, (l') de Collin.
Isaure et Gernance, de Dumaniant.
Intérieure (l') des comités révol.
Intrigans, (les) de Dumaniant.
Intrigue (l') épistolaire, 5 actes.
Jaloux (le) malgré lui.
Je cherche mon père.
Jeune (la) hotesse.
Jocrisse changé de condition.
Jocrisse congédié, de Dorvigny.
Jodelet, de Dumaniant.
Jugement de Salomon.
Kiki, ou l'île imaginaire, folie en 3 actes.
Kosmouck, ou les Indiens en Angleterre, en 5 actes.
Laure et Fernando, en 4 act.
Lidya-Seymours, melodr., en 3 a.
Lovelace français.
Madame Angot au sérail.
Maison (la) de prêt, en 3 actes.

Mariniers de Saint-Cloud.
Mari (le) coupable.
Mariage (le) de Jocrisse.
Marquise (la) de Pompadour.
Minuit, de Desaudras.
Mœurs du jour, en 5 actes.
Naufrage, (le) ou les héritiers.
Niais de Sologne.
Nitouche et Guignolet, en 1 acte,
de Dorvigny.
Nourjahad et Chérédin, en 4 act.
en prose
Orpheline, (l') de Pigault.
Pacha (le) de Suresne, 1 acte.
Paix, (la) de Aude, en 3 actes.
Partie de chasse de Henri IV, n.
édit.
Paméla, en 5 actes, en vers.
Perruque (la) blonde, Picard.
Petit Mensonge, (le) 1 acte.
Préjugé (le) vaincu.
Provinciaux (les) à Paris, en 4 act.
Pizarre, en 3 actes.

René Descartes, de Bouilly.
Rivaux (les) d'eux-mêmes.
Robert, chef des brigans.
Roland Monglave.
Rosa ou l'hermitage du torrent.
Rosélina ou le château de Torento
Ruse déjouée, de Dumaniant.
Secret découvert, Dumaniant.
Sérail du grand Mogol, 3 actes.
Sourd (le) ou l'auberge pleine.
Souper (le) des Jacobins.
Souper (le) imprévu, ou le cha-
noine de Milan.
Tribunal invisible, 3 actes.
Tribunal redoutable, suite de Ro-
bert.
Vengeance (la), de Patrat.
Victimes (les) cloîtrées.
Veuve (la) du républicain.
Victor ou l'enfant de la forêt.
Vieux (le) célibataire, de Collin
d'Harleville.

OPÉRA.

Ambroise, de Monvel, 2 act.
Anacréon chez Policrate.
Aveugles (les) de Franconville, 1 a.
Bénouski, de Duval, 3 act.
Deux journées, Bouilly.
Duel (le) de Bambin, de Dumaniant.
Entresol (l').
Epreuve (l') du républicain.
Faux (le) monnoyeur.
Gille en Deuil, en 1 acte.
Gulnare, de Marsollier.
Léonore, ou l'amour conjugal.
Lui-même, en un acte.
Maison (la) isolée.
Mari d'emprunt, en 1 acte.
Montano et Stéphanie, 3 actes.
Mélidor et Phrosnie.
Odoiska, ou les tartares.

Oncle (l') et le valet, Duval.
Owinska, en 3 actes.
Pauvre (la) femme.
Pierre le Grand, de Bouilly.
Prisonnière (la), en 1 acte.
Raoul barbe bleue, de Sédaine.
Raoul, sir de Créquy, de Monvel
Sargines, de Monvel.
Sophie et Moncar, de Guy.
Stratonice, en 1 acte.
Trente et Quarante, Duval.
Une matinée de Catinat, ou ta-
bleau, de Marsollier.
Venzel, ou le magistrat.
Visitandines, (les) de Picard.
Zoé, ou la pauvre petite.
Zoraïme et Zulnare.

VAUDEVILLES.

Amans (les) prothée.
Amours (les) de M. Jaquinet.
Assemblées (les) primaires.
Avare (l') et son ami, par Radet
et Rabauteau.
Aveugles (les) mendians, en 1 act.
de Léger.
Banqueroute du Savetier, en 1 act.
de Martainville.
Berquin, en 1 acte.
Billet de logement, en 1 acte.
Boites (les) du camp de Grenelle.
Cadet Roussel aux Champs-Ely-
sées, ou la colère d'Agamemnon.

Cacaphonie, (la) ou la paix.
Champs (le) de Mars.
Chasse (la) aux loups.
Chaudronier (le) de Saint-Flour.
Concert (le) Champs-Elysées, 1
Cri-cri, ou le mitron de la rue
l'Oursine, par l'auteur des deux
Jocrisses.
Christophe Morin, en 1 acte.
Danse (la) interrompue, de Bar
et Ourry, en 1 acte.
Déguisement villageois.
Désirée, ou la paix au village, p
Etienne Moras et Nanteuil.